Barbara Rach

# Eis in Flammen

## Gedichte

FRIELING

Im Verlag *Frieling & Partner*
erschien von Barbara Rach bereits der Lyrikband
„Wolkenbruch im Schneckenhaus"
(1998, ISBN 3-8280-0660-4).

Die Deutsche Bibliothek – CIP-Einheitsaufnahme
**Rach, Barbara:**
Eis in Flammen : Gedichte / Barbara Rach. – Orig.-Ausg.,
1. Aufl. – Berlin : Frieling, 1999
ISBN 3-8280-0880-1

© Frieling & Partner GmbH Berlin
Hünefeldzeile 18, D–12247 Berlin-Steglitz
Telefon: 0 30 / 76 69 99-0

ISBN 3-8280-0880-1
1. Auflage 1999
Umschlaggestaltung: Michael Reichmuth
Sämtliche Rechte vorbehalten
Printed in Germany

# INHALT

# EINLEITUNG

In Eis gemeißelt stand sie da,
Für viele war sie unsichtbar.
Doch die Flamme in ihr drin
Zog alle zu sich hin.
Wie Luft, wie Wasser, ja, wie Hoffnung,
Folgten wir der Eingebung.
Sie stahl die Herzen, sie zeugte Triebe.
Von was ich spreche? Von wahrer Liebe!
Denn sie ist rein und fordert nicht –
Ins ewige Eis bringt sie uns Licht.

# MUNDART

## Aweil langt's awwer (Teil 1)

Willkomme in der Inkaafsweld,
Wo ma alles kritt for's gudde Geld.
Joo, das hann isch aa gemännt,
Drum bin isch dabba ins Aldi gerännt,
Um mier die scheen Uur ze besorje,
Besser heit schon, als erschd morje.
'S Aldibladd hott's angekinnischd,
Wer ze spät kommt känn erwischd,
Denn die doo Uur iss echt e Ränner,
Unn isch gans bestimmt kää Pänner.
Desweeje steeh'n isch vorm Inkaafswaan,
Hall's Maakstick erschdmool draan,
Stäck's in de Schlizz, doo machts: „Klick",
Pletzlisch krien isch e Schlaach ins Knick.
Isch drää misch rum, 's Walli greelt los,
In meinem Hals billd sisch e Klos.
„Saa, dier geht's wohl nemmee gudd,
Du wäsch doch, daß ma das net dutt.
Isch hann misch joo gans schlimm erschrock'",
Doo geht's Walli in die Hock,
Hebt mei Handtasch off unn männt:
„Du haschd disch gans scheen gerännt.
Wenn de jetzt schon kää Spaß mee verdraaschd,
Hott disch bestimmt was tierisch geraschd."

Ei nää, isch wär' nur in der Häzz,
Unn hätt kää Zeit foor dumm Geschwäzz.
Die Uur im Aldi gäb's nur heit,
Unn drinn wäre eh schon vill ze vill Leit,
Hann isch 's Walli wisse geloß,
Das iss wie e Raket ins Aldi geschoß.
Isch hinnerhär, isch hann mier's faschd schon gedänkt,
Jeeda doo hott sisch sei Rieb verränkt,
Um das scheene Schmuckstick ze erwische,
Enns ergattert – unner's Volk duun isch misch mische,
Doo hott sisch off änmool voor der Kass,
E Stau gebilld wie vorm Sankt Gotthard-Paß.
Die Schlang war werklisch aarisch groß,
Gesprung bin isch faschd aus der Hos,
Als änner sisch vordrängele wollt,
Unn mier sei Wäänsche in die Hacke rollt.
Isch hann gejault, geflucht, geschrie:
„Du olles, bleedes Hernervieh,
Kannsch de nemmee rischdisch sien,
Du bischd blämm blämm unn haschd e Splien."
Gelacht hott der, isch hann misch beherschd,
Sonschd hätt isch misch graad met dämm dort gezerschd.
E halwi Stunn hann isch misse waate,
Das war e Galgefrischd nadierlisch off  Raate,
Doo isses endlisch vorwärts gang,
Isch hann gespiert e riese Drang.
Jetzt awwer hämm off's Kloo, 's wärd Zeit,
Doo hott isch misch ze frieh gefreit,
Weil die Madamm vorre an der Kass,
Met ihrem Klääd, gemacht aus Straß,
An 'ner Flasch hängegeblieb iss,

Die hott denoo net nur e Riss,
Nää, runnergefall iss se unn hott geschebbert,
Mei liewer Mann, die iss wool debbert.
Was wollt isch mache, drauß hott's gekiwwelt,
Mier hott's aarisch in der Hänn gekriwwelt.
Am liebschde hätt isch der geholf,
Unn se gedräät dorch e Fleischwolf.
Net ze glaawe, noo zwei Stunn,
Hott isch tatsäschlisch hämm gefunn.
Zeerschd off's Kloo, doo hann isch mier geschwoor,
Im Aldi hann isch ab jätzt nix mee verloor.
Gelangt hott's mei heit gans gewalldisch,
Bei so 'nem Betrieb gebbt ma joo falldisch.
Mei Kattaloche hann isch vor mier offgebaut,
E innerie Stimm wurd in mier laut.
Se hott gesaat, isch sollt net ränne,
Unn doodevor morjens länger pänne,
Denn die Versandheiser hann immer off,
Zwar muß ma oft waate droff unn droff,
Awwer ma kann in Ruuh dehämm leije,
Unn sisch off sei Sache freije.
Kää Gedrängel unn 's Kloo iss in der Näh,
Kää staawisch Luft, kää Närfesää.
Doo brauchsch de aa kää „Kawwa-Kawwa",
Unn muschd net saan: „ Aweil langt's awwer!"

*(Kava-Kava {Kawwa-Kawwa} = Naturheilmittel zur Nerven-
beruhigung)*

# Aweil langt's awwer (Teil 2)

'S gleisch Theeader jeedess Joor,
Raufe kennt ma sich all Hoor.
Die gudd Verwandschaft ruuft ääm aan,
Unn männd ma mißt noch danke saan,
Wenn die met ihre spizze Meiler,
Ääm niddermache wie e Keiler.
Graad geschder war widder so e daa,
Statt Trallalla unn Hopsasa,
Gab's Ballawer unn das hoch vier,
Nur weil Tante Emma, geboor in Trier,
Unbedingt moo komme mußt,
Zererschd hott die Likeer genußt,
Dodenoo hott se mei Mann, de Jupp, gefroot:
„Wieso fählt an deiner Hos die Noot?"
Der war devon peinlisch beriehrt,
Unn hott sisch ferschderlisch scheniert.
Awwer, das war noch lang net genuch,
Wie e Hänn am Gloggezuch,
Hott se gemach, als unser Pabagei,
Met Geflatter unn Geschrei,
Quer dorchs Woonzimmer geschoß iss,
For so 'nem Vieh, hätt se doch Schiß,
Hott se uns wisse geloß und das pampisch,
Furschdbar bees, wie immer tramplisch,
Iss se offgestann unn zur Dier geloof,
Wie so e olles Mäckerschoof,
Das nemmee wußt, was es noch will.
Doo war's mier awwer echt zevill.

Isch hann se erschd zerickgepfiff,
Unn in 'nem Ton wie off em Schiff,
Hann isch der mool beigebrung,
Daß se ihr hoorisch Zung,
Dabba mool inrolle kennt,
Doo hott die graad schon losgeflennt.
Wie kennt isch nur, ach nää wie ungezoo,
Das doo käm werklisch nemmee in Froo.
Liwwer würd' se dehämm bleiwe unn sisch verstäcke,
Mier kennte se mool am Allerwärdschde läcke.
Gebrillt hann isch: „Geh hämm unn spiel »Ander
Cawwer«.
Komm nemmee her. Aweil langt's awwer!"

# FLÜGELSCHLAG

## Imme

Ein Individuum mit Stecheffekt
Stachelt an des Menschen Lust
Und sorgt bei ihr selbst für Frust,
Weil man ihr Fabrikat wegschleckt.

Die Drohne hechelt nach Sklaven,
Die sie zu Höchstleistung treibt,
Und ihnen Ehrfurcht einverleibt,
Auf daß sie zeugen neue Larven.

Königin der Luft,
Schenk uns den Duft,
Der Honigmünder entstehen läßt.

Geflügeltes Wesen,
Laß uns genesen,
Denn Süße macht das Leben zum Fest.

# Der Baum

Seit Jahren thronst du schon im Garten,
Wirst nie müde abzuwarten,
Was der neue Frühling bringt,
Ob es dir nochmal gelingt,
Knospen sanft hervorzulocken,
Die aussehen wie weiße Flocken.
Deine Arme, dein Geäst,
Bilden stets ein warmes Nest
Für Vögel, ganz gleich welcher Art,
Bist du ein wunderbarer Wart,
Der sie beschützt und auch bewacht,
Ob bei Tag oder bei Nacht.
Dein Alter macht dich reif und weise,
Falter, Biene oder Meise,
Alle lieben dich von Herzen,
Besuchen dich nicht nur zu Märzen,
Sondern auch zur Sommerzeit,
Wenn du trägst dein schönstes Kleid.

## Rituale

Das Feuer knistert sich durchs Holz,
Entfacht sehr schnell des Volkes Stolz,
Wenn der Mond die Nacht begrüßt
Und den Mokka der Aura versüßt.
Klänge barmherziger Seelen
Im Unterholz dahinschwelen.
Wölfe heulen voller Inbrunst,
Winseln um des Mondes Gunst,
Der ihnen Energie verleiht,
Bis daß das Tier in ihnen schreit.
Der Flimmer des Unbewußten,
Wird die Menschen niemals frusten,
Denn sie brauchen seine Existenz,
In dieser starken Konsistenz.

# Kontakt

Baldachin ruft zum Gebet,
Der Astrologe staunt beträchtlich
Und vernimmt dabei verächtlich,
Wie die Erde die Augen verdreht.

Denn sie kullert und rollt,
Die Sphäre raubt die Retina
Und fragt sich: Ist es wirklich wahr,
Daß die Venusmuschel schmollt?

Hatte sie nicht gerade eben
Aufgebauscht ihr schnödes Leben?
Viel zu eitel war sie wohl.

Über uns kocht die Brühe,
Sie auszukosten kostet Mühe,
Denn sie ist innen hohl.

## Nesseln

Brennen tut es wahrlich viel,
Es ist nicht nur dein Stiel,
Der mich mit Punkten übersät,
Und mir 'ne Noppenhaut aufnäht.
Es sind auch deine grünen Blätter,
Die, egal bei welchem Wetter,
Zielstrebig und voller Kampfeslust,
Einimpfen 'nen argen Frust.
Du Gewitter meiner Hautzellen,
Das Pocken läßt rausquellen,
Sei ein bißchen auf der Hut,
Denn mit deinem lieblich Blut
Kann man einen Sud herstellen,
Brenn nicht mehr, sonst wirst du quellen.

# Himmlische Träne

Tanz, du kleiner Regentropfen,
Du bist wie Malz, ja auch wie Hopfen,
Denn meine Seele reinigst du,
Das Elend wischst du weg im Nu.
Tanz, ja tanz um mich herum,
Erklinge laut, bleib niemals stumm,
Denn deine Nässe und dein Rinnen,
Lassen mich an Kraft gewinnen.
Du bist des Himmels lichte Träne,
Wie eine Handvoll weißer Schwäne,
Zeugst du von Unschuld – Wasserball,
Oh, Du reiner Bergkristall.

# Schneewittchen

Haare, schwarz wie Ebenholz,
Du bestachst mit deinem Stolz.
Lieblichkeit, ein Herz aus Gold,
Schürten Haß, ganz ungewollt.
Dein Leben wurde angegriffen,
Du warst naiv, hast nicht begriffen,
Wer nach deinem Leben trachtete
Und dich bis aufs Blut verachtete.
Der dunkle Sarg umhüllte dich,
Nur deine Freunde erinnerten sich
An deinen Frohsinn, den du verbreitet hast,
Für sie war es 'ne große Last,
Deinen leblosen Körper anzuschau'n,
Sie hofften auf Hilfe und schöpften Vertrau'n,
Als ein junger Mann, edel, schön und rein,
Erschien an deinem gläsernen Schrein.
Er küßte das Leben in dich zurück,
Langsam, stetig, Stück für Stück,
Kehrtest du der Nacht den Rücken,
Alle weinten vor Entzücken.
Überwunden war der Bosheit List,
Im Märchen du nun verewigt bist,
Um Alt und Jung zu erzählen:
Niemand muß sich ewig quälen.
Wer immer an das Gute glaubt,
Dem wird das Glück durchaus erlaubt.

## Vollmond

Willen, ja?
Stärke, nein?
Dem Himmel nah,
Der Mondenschein.

Nacht, Gemunkel?
Sternenglanz?
Erfolgt das Dunkel –
Dächertanz.

Gesteuert,
Beteuert,
In anderer Sicht,
Strahlt es –
Das Mondgesicht.

# Eismond

Kathode klirrt im Reflex
Des Winters Lex.
Die Druse läutet zum Gefecht,
Frau Holle wäscht
Des Blizzards Schuhe,
Vor dem Sturm die Ruhe.
Servaz und auch Bonifaz
Kontrahieren peripher,
Und auch der liebe Pankraz
Trottet pflichttreu hinterher.
Glazial, von Flora gezeugt,
Wird er bis Ultimo
Vom Okular der Zeit beäugt
Und vom Nieswurz sowieso.

# Naturgewalten

Die Erde bebt, die Lava spritzt,
Das Universum sich erhitzt.
Orkane wirbeln übers Land,
Öllachen überzieh'n Meer und Strand.
Noch können wir nicht begreifen,
Daß wir am falschen Ende schleifen.
Wir denken, bald wird alles gut,
Uns treibt voran der Torheit Flut.
Einfältig, ohne jeden Plan,
Verfallen wir dem Größenwahn.
Die Erde, unsere liebe Mutter,
Wird bewußt zum „Hundefutter".
Wir schneiden uns ins eigene Fleisch –
Zerstörung pur auf einen Streich.
Wann wird die Menschheit es versteh'n?
Wann wird die Eitelkeit verweh'n?
Wenn alle nur an sich denken,
Und nur sich Gefühle schenken,
Werden wir es wohl nie schaffen.
Die Hoffnung bleibt, daß wir es „raffen".

# Röte

Eine Farbe gleich der Glut,
Macht leuchtend von sich reden,
Im Innern herrschen Fehden,
Denn dann kocht die Wut.

Aufregung brennt sie uns ein,
Läßt das Antlitz erstrahlen,
Und unter bangen Qualen
Mutiert das Ich voller Pein

Zu einem Sonnenbrand,
Der nicht zufällig entstand,
Er wurd' vielmehr provoziert.

Auch die Tomate ist devot,
Aus dem Grün wird sehr bald Rot,
Weil die Sonne nach ihr stiert.

# Wintermärchen

Wenn die ganze Vogelschar,
Amsel, Drossel, Fink und Star,
Schon längst im warmen Süden sind,
Wird es hier kälter ganz geschwind.
Frau Holle schüttelt ihre Betten,
Autos tragen Schneeketten,
Kinder machen Schneeballschlachten,
Alle tragen Wintertrachten,
Denn die Kälte kriecht überall hin,
Dies ist Gevatter Winters Sinn.
Schneeflocken schmecken wundervoll,
Fordern niemals einen Zoll.
Tiere prägen Spuren in den Schnee,
Man fährt Schlittschuh auf dem See.
Romantik herrscht trotz Kälte und Eis,
Kuschelnde Lebewesen sind der Beweis,
Daß das Frösteln uns nur näherbringt,
Weil in Kälte Wärme schwingt.

# STRANDED

## Sense of life

A changing game of rain and sun,
A concentrate of suffer and fun,
Describe a field – open and wide –
Which shows day, but also night.

Questions run after answers, searching for more,
Hearts need love, freedom hates war.
Can we imagine, how it will be?
We are the leaves of an old tree.
This „plant" is our world, mother and hold,
It never left us broken and cold.
This could change because of a mistake,
A bad development: brook to lake.
Then, darkness will be everywhere,
We simply have to take more care.

## Wild thing

You are young and very tender,
But you had to surrender,
'Cause you had no other choice,
You followed your inner voice.
It told you, you are so bad,
This really drove you mad.
You run away to hide and seek,
In your soul, you felt so week.
You fought against a windmill,
It made you surely very ill.
Too young to die, too sad to live,
Your heart said: „Come on and give.
Give peace for your own victory,
Give love, then you will feel free."
You gave up suffering, you took the chance,
For you it was a big advance.
So look at you, you are a star,
Therefore you had to walk so far,
But you learned to turn around,
Inside you hear the greatest sound,
Of someone who was very strong,
If you love, you're never wrong.

## My star

You are so near, you shine so bright,
For you, I would win every fight.
Give me the chance to show you,
That everything I said is true.
You're born in my soul, you are my man,
I will do everything, I can,
To be near you night and day,
There can't be a better way,
'Cause you are my only dream,
Without you, I just would scream.
Stay with me, I be the one forever more,
You are all I was looking for.
Love me, be always by my side,
Take away this silly fright.
Make me free, show me your destination,
For both of us it's an innovation.
We will learn to be a couple,
We're not single, we are double.
It will turn out nice, you'll see,
You're my life, you are the key.

# AUFGETANKT

## Der Komponist

Salzsäule, schwarz-weiß
Bestockt
Gepflöckt
Adlerschwingen
Fordern zum Tanz
Wildes Getue
Kampf gegen Windmühlen
Dies
Wirft die Horcher
Von den Stühlen

# Casino

Augen zählen
Waschmaschine
Schleudergang
„Rien ne va plus"
Reich contra arm
Hosen fallen
Währenddessen
Es heißt
Farbe bekennen
Bingo

# Leinentanz

Grünlich flackert mir die Welt
Entgegen
Wenn ich aus dem Fenster
Schaue
Spärlich, winzig erscheint
Des Nachbars Garten
Und er selbst
Eine Spielfigur unter
Gartenzwergen
Die
Den stummen Aufstand
Planen
Dann
Wie von Geisterhand
Bewegt
Flattern
Fetzen
Ungestüm, aufbäumend
Und zornig
Tänzeln auf dem
Seil
Das die „Zucker"
Nicht aufsteigen läßt
Die Bäume wedeln
Rauschend
Applaus
Und ich
Ja ich
Laß
Es
Geschehen

## Auswanderer

Nichts zu verlieren hat er
Alles zu geben versucht er
Denn aus der Luft, die stickig
Zu sein scheint
Will er Sauerstoff tanken
Diesen wird er in die Fremde
Husten
Um ihn dort leichtfüßig
Aufzuschnappen
Die Kälte wird vergehen
Sobald er sich um seine
Eigene Achse dreht
Denn dann ist er wieder
Dort
Von wo er wegrennen wollte
Im Hause
Seines Spiegelbildes

# Reich getaucht

Felle schwimmen
Gegen den Strom
Der Zeit
Die
Niedergeschlagen
Brüsk tickt
Und
Session für Session
Ein neues Konzept
Vorschlägt
In
Dem man
Das wiedererkennt
Was
Simpel ausgedrückt
Ausgesprochen
Tief gründen
Läßt

# Reinheit pur

Spieglein, Spieglein
An der Wand
Verdonnert
Zum
Lügen
Glanz
Der Abartgesellschaft
Welche
Blind sieht
Und
Tief rutscht
Was
Auch sonst?


# Mondscheinsymphonie

Weiße Begierde, Leuchtgeflecht
Schablone des Weltalls
Gestochenes Klingen des Wandels
Lockruf des Universellen
Traumberuf: Dachdecker?
Silberschleier irrt umher
Das Nichts erschließt sich den Gedanken
Die Wiederkehr

## Sprungdeckel

Die Feder strapaziert die Geduld des Kerns
Der Apfel fällt nicht weit von der Krone
Wer Haß sät, wird Schuld tragen.
Überzogen oder nur verfälscht?
Gemälde sucht den Pinselschwung
Spannung greift zur Flasche
Entlastung geht auf Urlaubsreise –
Widerstand im Strudel des Infarkts

## Gewebtes Licht

Das Konfekt verklebter Phantasien
Radelt haltlos, fällt vornüber
Durchquert die zuckersüße Seele
Bahnt sich den Weg zum Über-Ich
Eingefangen in diesem Sonnenmeer
Wird das Jetzt im Sein begraben
Die Taube spitzt sich ihre Federn
Und wartet auf den Traum –
Der Schwebezustand ist erreicht.

## Sulzbach

Karikatur einer Landkarte
Pumpendes Herz des schwarzen Goldes
Der Weg war dein Ziel
Rauschgoldengel im Alltagsgrau
Passion einer anderen Welt
Geküßt vom edlen Saarwein
Weich gebuddelt, straff gezogen
Lochwiesenparadies
Berg und Tal, Tümpel der Wonne –
Salz in meiner Suppe

# SOLO FÜR ZWEI

## Du und ich

Wir sind ein Geflecht aus Bast und Gold,
Stets war Fortuna uns sehr hold.
Du wolltest das, ich wollte dies,
Wo blieb es denn, das Paradies?
Du warst dir sicher, ich mir nicht,
Ich war der Angler, der im Trüben fischt.
Du wolltest Tal, ich bestieg den Berg,
Ich war der Riese, du der Zwerg.
Doch auch Zwerge werden groß,
Plötzlich gingst du auf mich los.
Niemand konnte dich mehr stoppen,
Ich wollte dich bestimmt nicht foppen.
Zerschmettert, zerrissen, niedergemacht,
Haben wir schließlich beide bedacht,
Daß wir uns lieben und uns brauchen,
Drum wollten wir nicht abtauchen.
Wir forderten noch mehr Gefühl,
Bezwangen damit jeden Bühl.
Heute sind wir stark wie nie,
Nun herrscht wieder Symmetrie.

# Himmel und Hölle

Das Abendrot schmeichelt,
Der Himmel, er streichelt.
Unsere Seele sucht Halt
Und erntet Gewalt.
Starke Äste brechen,
Es fließt in Bächen.
Reibung knistert umher,
Regentropfen, tonnenschwer,
Wollen murmeln, treffen ins Ziel.
Ist es wirklich nur ein Spiel?
Die Natur, Spiegel der Schwächen,
Will sie sich an uns jetzt rächen?
Vereinigung der Urgewalten,
Wir sollten wirklich umschalten.
Himmel und Hölle trennt nur der Verstand.
Es liegt in unserer eigenen Hand.


# Herz und Seele

Seele inseriert – sucht Verwandten,
Herz konnte prächtig bei ihr landen,
Denn es schaukelte die Seele Schlag für Schlag,
Es wußte, daß sie dies mag.
Ganz im Einklang, schlug bei beiden gar nichts fehl.
Nun sind sie ein Herz und eine Seel'.

## „Ketchup und Mayorität"

Geliebte Welt, süß und verkleckert,
Beherrscht von Körnern der Wohltat,
Markiert den Schafskopf, der stets meckert,
Und profitiert vom Pommes-Staat.
Mal versalzen und verbrannt,
Überdeckt von rot-weißer Würze,
Hält sie so manchem „Heißen" stand,
Und schlingt hinunter dies in Kürze.
Aus Plastik werden Entschlüsse geschnitzt,
Man ißt sich daran übersatt.
Ist das Schlachtfeld geräumt, lacht die Völle verschmitzt,
Denn dann lief alles wieder glatt.

# MY WAY

## Stadt der Sinne

Das Salzbrunnenhaus lädt zum Feste ein,
Stars und Sternchen finden sich ein.
Auf dem Markt toben die Kinder,
Um den Brunnen herum, mal davor, mal dahinter.
Die Geschäfte locken mit tollen Angeboten,
Jeder kann für sich selbst ausloten,
Was ihm an Sulzbach gut gefällt.
Es ist 'ne kleine eigene Welt.
In dieser wird sehr viel gelacht,
Gute Laune wird schnell entfacht.
Die Einwohner und der Bürgermeister,
Sind allesamt die guten Geister
Dieser kleinen lebhaften Stadt.
Sie setzt all die anderen matt,
Denn sie ist einmalig und zeigt Esprit –
Sulzbach, Stadt der Harmonie.

# Heimat

Wenn ich morgens früh erwache
Und mir einen Kaffee mache,
Wird mir bewußt auf schöne Weise,
Ich brauch' keine Urlaubsreise,
Denn was ich brauch', bekomm ich hier,
Ach Sulzbach, ich danke dir,
Für deine Menschen, deine Natur,
Für meine Seele bist du 'ne Kur.
Das gewisse Etwas, das hast du,
In dir allein finde ich Ruh'.
Begleite mich durchs ganze Leben,
Für mich könnt' es nichts Schöneres geben.
Sei mein Stern, der mich bewacht,
Am hellsten Tag und auch bei Nacht.

# Immerzu

Welten bergen schlimme Gefahren,
Ich such' mich durch die Hecken,
Die sich grimmig strecken,
Um ihr Geheimnis zu bewahren.

Du kamst mir entgegen,
Ich sah deine Hand
Und hab' gleich erkannt,
Daß Amor war zugegen.

Du durchtrenntest die Schlingen,
Bevor sie mich fingen,
Ich fühlte mich frei und geheilt.

Kratzer weg – Zauberkraft,
Dank Leidenschaft,
Die nun stetig in mir weilt.

## Menü

Das Leben an sich
Ist ein leerer Teller
In einem Keller.
Er steht auf einem Tisch,

Der zwar schön gedeckt,
Jedoch sehr einsam ist,
Wenn man Zutaten vergißt
Und so das Triste weckt.

Das Salz in der Suppe,
Zaubert aus einer Puppe
Ein menschlich' Wesen,

Das aus des Fleisches Kraft
Und aus der Liebe Saft
Ein Menü schafft – auserlesen!

# Weltenrausch

Der Wecker klingelt – aufgewacht!
Die Sonne knipst die Erde an,
Luna ist erst abends dran,
Flora bäumt sich auf und lacht.

Winde scheuchen Wolkenfelder,
Blätterwald und Blumenmeer,
Auf Straßen schmiert man Teer
Und verschwendet noch mehr Gelder.

Der wahre Dreh- und Angelpunkt,
Den man in Tränenfluten tunkt,
Ist der Zeiten Parodie.

Mal animalisch, wirr, besessen
Und schon bald wieder vergessen –
Die Schicksalsmelodie.

# Gegensätze

Das Re und Kontra – das Nichts, das Sein,
Das weiche Gummi – der harte Stein,
Das Für und Wider – das Auf und Ab,
Halten den Menschen stets auf Trab.
Kein Tier kann ohne Wasser sein,
Wir alle brauchen Arm und Bein,
Um uns im Leben zu bewähren
Und gegen Böses uns zu wehren.
Gegensätze ziehen sich an,
Da ist wirklich etwas dran,
Denn nur, wer auch das andere kennt,
Weiß, wie heiß die Sehnsucht brennt.

# Eis in Flammen

Gedankenschweiß in Aspik,
Die Karten fallen: Herz und Pik.
Weichgekocht schrubbt man Fassaden
Und verfolgt Sehnsuchtsparaden,
Die gekrönt von Scheuklappen,
Völlig im Dunkeln tappen.
Das Fettnäpfchen ist zertreten und leer,
Wir ersäufen uns im Tränenmeer.
Das Kuckucksei heißt Passivität,
Es ist der Falsch, der für uns näht.
Konzentrat aus Flocke und Funke,
Harlekin oder Halunke?
Wer das Leben innig liebt, weiß:
In Flammen steht das Eis.

# Church of your heart

Bist du allein, suchst du nach Halt?
Erscheint dir das Leben viel zu kalt?
Dann höre tief in dich hinein,
Nimm wahr die Stimme, die noch klein,
Denn sie ist dein Altar,
Auf ihm werden deine Wünsche wahr,
Wenn du nur fest daran glaubst
Und dich der Hoffnung nicht beraubst.
Deine Haut, deine eigenen Wände,
Füllen wahrlich dicke Bände.
Du mußt nur lauschen und verstehen,
Die Kraft in dir kann niemand sehen.
Nur du kannst in dir Kerzen anzünden
Und dich mit Mut und Frieden verbünden,
Denn die Kirche ist deines Körpers Domizil,
Im Herz erbaut, hilft sie dir viel.

# KALEIDOSKOP

## „Getrilltes Leben"

„Ich bin kein Vogel von der Stange,
Für mich stand man sehr lange Schlange,
Denn bunt und niedlich, wie ich bin,
Steckt ein Genie tief in mir drin.

Gerade heut hab' ich entdeckt:
Als Sherlock Holmes bin ich perfekt.
Denn wie könnt' es anders sein,
Bei mir trügt der süße Schein.

Es war so um die Mittagszeit,
Ich putzte flugs mein Federkleid,
Als mein Domizil geöffnet wurde
Und ein neuer Wind durchtourte.
Ein Fremdling, starr, vielleicht ein Spatz,
Nahm ungefragt neben mir Platz.
Mein Ernährer brachte ihn vorbei,
Als ob das hier ein Rastplatz sei.

Zuerst war ich recht eingeschnappt,
Dann hab' ich mich dabei ertappt,
Wie ich ihn gemustert habe.
In der Tat, es war ein Knabe,
Denn an seiner Farbenpracht,

Hatte ich es ausgemacht.
»Nun gut, mein Freund, jetzt bist du hier,
Dies Häuschen gehört nun einmal mir,
Drum sei bedacht, sei auf der Hut,
Andernfalls herrscht böses Blut.
Federkrieg wird es dann geben,
Aus ist es dann mit deinem Leben,
Denn Parasiten brauch' ich nicht,
Halt bloß an dich, kleiner Wicht.«

Vom vielen Plappern war ich ganz dusselig,
Mein Schnabel war richtig fusselig.
Geholfen hat es dennoch nichts,
Er bot Zeichen des Verzichts.
Eingebildet ist er, dachte ich,
Sitzt da rum wie ein stummer Fisch,
Der etwas Besseres sein wollte,
In mir des Zornes Donner grollte.

Ich überlegte hin und her,
Mein Magen wurde indes leer,
Drum gönnte ich mir Vitamine
In Form von einer Apfelsine.
Diese hing an meinem Gitter,
Verzogen war bald das Gewitter,
Denn eigentlich nach diesem Schmaus,
War's mit der Eifersucht schon aus.
Hungern wollt' ich ihn nicht lassen.
Mein Gönner würde mich wohl hassen,
Wenn ich unseren »lieben Gast«
Betrügen würde um die Rast.

Stil wollte ich ihm beweisen,
Später sollte es nicht heißen,
Daß ich ungezogen wär',
Drum verhielt ich mich korrekt und fair.
Körner brachte ich ihm rüber,
Wahrscheinlich ärgerte er sich drüber,
Denn er zeigte kein Interesse.
»Paß auf, du Geier, daß ich dich nicht fresse«,
Zwitscherte ich lauthals los
Und fand mich dabei echt famos.
Doch Widerwille machte sich breit,
Ich stampfte voller Flattrigkeit
Mit meinen Krallen gegen ihn,
Das hat er mir wohl nie verzieh'n,
Denn kaum getan, drehte er Pirouetten,
Als ob ihn Milben gestochen hätten.

Da erst fiel es mir bös auf,
Er saß auf einem Ringel drauf.
Du liebe Amsel, er war ja behindert,
Und ich Dumpfbacke hab' verhindert,
Daß er sich voll entfalten konnte,
Wie kam es, daß ich mich sonnte
In soviel diebisch falschem Stolz?
Unter meinen Krallen brannte das Holz.

Genug, ich sprang zu ihm hin,
Und weil ich ein kluger Vogel bin,
Hab' ich ihn gleich warmgehalten
Und ihn beschützt vor schlimmen Gestalten.
Bei mir sollte er es gut haben.

Jeden Tag begann ich zu schaben,
Damit mein Freund nichts zu befürchten hat,
Nun ist er sauber, zufrieden und satt.

Zwar kann er nicht sprechen, ist unbeholfen,
Doch dem ist ganz schnell abgeholfen,
Denn ich tue alles für unseren Hausfrieden,
Ich kann ihm wirklich alles bieten.
Abends sing' ich ihm Schlaflieder,
Tagsüber tanz' ich auf und nieder,
Damit er sich etwas amüsiert
Und nicht an Lebensmut verliert.

Wie gesagt, ich war allein,
Doch dies wird niemals mehr so sein,
Denn ich pfeif' auf leere Stangen,
Die zur Einsamkeit mich zwangen.
Ich hab' erfahren, wie es ist,
Ohne Viktor wär' mein Leben trist.
Ja, so hab' ich ihn genannt,
Der Neid in mir war schnell verbannt.
Eins ist mehr als sonnenklar:
Er ist kein Spatz, er ist ein Star,
Denn er ließ die Entdeckung zu:
Zu groß war mir mein eigener »Schuh«.

Nestwärme und Schnäbelei,
Sind mir nicht mehr Einerlei.
Viktor wird mich stets beflügeln,
Und wenn es sein muß, auch mal zügeln.
Für mich ist er die ganze Welt,
Mit der mein Dasein steht und fällt!"

# Die Telefonseelsorge

Nachts, es war so gegen drei,
Machte Karl sich sorgenfrei,
Denn er rief die Nummer an,
Die mehr als nur was kosten kann.
'Ne nette Dame um die dreißig –
Sehr kokett und überfleißig –
Fragte: „Was liegt an, mein Herr?"
Er meinte: „Sie, ich steh' Parterre
Und bekomm' schon kalte Füße.
Vor lauter Frust schwellt mir die Drüse."
Die Stimme aus dem Telefon,
Wechselte ihren lieben Ton:
„Nehmen sie ein Wechselbad,
Beginnend bei zarten 30 Grad.
Danach geht es ihnen besser!"
„Geht nicht, ich bin Bettnässer.
Wenn ich nur schon Wasser seh',
Ich wahrlich in 'ner Pfütze steh'."
„Dann fönen sie halt ihre Zehen",
Begann sie bitterlich zu flehen.
„Dies ist klug, aber nicht gut,
Denn das bringt Hochdruck in mein Blut.
Der Doktor hat's mir nicht erlaubt,
Weil er an Schicksalsfügung glaubt.
Die Sterne würden es verkünden,
Ich soll als stilles Wasser gründen.
Betreiben müßte ich mehr Sport,
An einem dunklen, öden Ort.

Er sagte, es sei der Platz,
Wo sonst Maus, gejagt von Katz,
Nach Käsestücken sucht.
Ich hab's eben erst versucht.
Um drei würd's am besten funktionieren.
In der Tat, auf allen Vieren,
Bin ich durch den Kellerraum gerobbt
Und wurde bösartig gestoppt.
Mein Ventilator neben dem Klo
Lieferte 'ne tolle Show.
Ohne aufgefordert zu sein,
Fiel er mir aufs linke Bein.
Gut, es war dunkel, ich sah nur schwarz,
Doch der Wecker, gefüllt mit Quarz,
Verbündete sich mit dem »Weher«,
Die fühlten sich am rechten Dreher.
Aber ich war nicht auf den Kopf gefallen,
Ich begann die beiden anzuschnallen.
Das Toilettenpapier hielt dabei stand,
Nun fühl' ich mich wie an 'nem Strand,
Denn die Streu, fürs Eis gemacht,
Hat den Boden voller Pracht
Überschüttet und ganz bedeckt,
Ich hab' kalt und bin verdreckt.
Helfen sie mir, was soll ich machen?"
Im Telefon fing es an zu krachen.
„Mein Fräulein, was ist los mit ihnen?"
Doch die Frau wollte ihm nicht mehr dienen.
Soviel kühne Blödelei,
Sorgte bei ihr für Narretei.
Sie flötete: „Ich geh' jetzt schwimmen,

Um meine Bauchmuskeln zu trimmen.
Mein Zwerchfell hat zu sehr gelitten,
Fahr'n sie mit 'ner anderen Schlitten!"
„Ja, sind sie nicht die Feuerwehr?"
Keuchte Karl indessen schwer.
„Nein, ich bin bestimmt von Sinnen,
Machen sie, daß sie Land gewinnen,
Sonst werd' ich sie durch den Hörer erschießen
Oder gar mit Spiritus übergießen!"
Karl wurde plötzlich puderrot,
Die Dame schien in großer Not.
„Tut mir leid, das wußte ich nicht,
Ich hab' wohl die falsche Nummer erwischt.
Das ist mir peinlich wie noch nie.
Ich sprech' wohl mit der Psychiatrie."
Er legte auf und lachte laut.
Endlich fühlte er sich wohl in seiner Haut,
Denn Er war froh, nicht so schlimm dran zu sein,
Ruhig schlich er in sein Kämmerlein.
Einschlafen konnte er nun gut.
Wie wohl ein solch Gespräch doch tut!

# Wenn die Glocken läuten …

In der Zeitung stand's geschrieben,
Man kann sich heute schnell verlieben,
Wenn Annoncen mit Scheuertoren winken
Und Telefonleitungen feurig blinken.
Willma dachte sich: „Was soll's,
Noch bin ich kein morsches Holz."
Bei der Zeitung rief sie an, nicht bang,
Und erzählte mit großem Drang,
Was sie braucht und was sie möchte,
Was ihren Durst nach Liebe löschte.
Nach einer Woche war's gescheh'n,
In der Zeitung konnte man sehen:
„Frau sucht Mann mit Rösselsprung
Und besonderer Eingebung."
Willma wurde leichenblaß,
Das Ganze schien ihr etwas kraß.
Zwar wollte sie ganz vorne liegen
Und 'nen tollen Mann abkriegen,
Doch wie 'ne Schnepfe dazusteh'n,
Würde ihr den Hals umdreh'n.
An die Zeitung schrieb sie empört,
Erklärte, was sie sehr stört.
In der nächsten Woche schon
Klingelte das Telefon:
„ Señorina, ich heiße Amphore,
Möchte machen immer amore."
Willma knallte den Hörer auf,
Nahm das Theater nicht in Kauf.

Sie trottete zur Zeitung rüber
Und beschwerte sich darüber,
Daß ihr Anliegen falsch interpretiert,
Völlig frivol und ungeniert,
Dargestellt worden ist.
Der Redakteur sei Anarchist,
Ließ sie verkünden – mit Nachdruck,
„Dies ist kein Märchen vom kleinen Muck",
Schrie der Redakteur sie an.
„Entweder, Sie wollen einen Mann,
Oder Sie geh'n sich einen backen,
Doch mit der Angst in Ihrem Nacken,
Mal feminin und spontan zu erscheinen,
Bringen Sie die Männerwelt zum Weinen.
'Ne rohe Zwiebel ist 'ne Wohltat gegen Sie,
Behandeln Sie erstmal Ihre Hysterie."
Willma, fast vom Blitz getroffen,
Hat sich einen angesoffen.
Des Weines Lösung war perfekt:
Wer Männer sucht, wird nie entdeckt.
Drum gründete sie ein Heiratsinstitut
Und schaffte es mit sehr viel Mut,
Paare für immer zusammen zu führen,
Dies öffnete ihr des Himmels Türen,
Denn nun hat sie die große Auswahl
Und fand bereits den 10. Gemahl.

# Abgeseilt

Klein, gepolstert – Krabbelkäfer?
Leichtfüßig – ein Siebenschläfer?
Weit gefehlt, es war die Spinne,
Sie schlich umher in einer Rinne.
Eine Mücke kam ihr in die Quer',
Der Spinne Magen war recht leer,
Drum fing sie wild an zu summen,
Denn sie suchte einen Dummen,
Der ihr Schauspiel nicht durchschaute
Und auf ihr gutes Herz vertraute.
Mückchen Summsel fragte sich:
„Hat die Spinne einen Stich?"
Gar leid tat ihr das arme Vieh,
Er empfand schon Sympathie,
Denn die arme Spinne,
Wirbelte in der engen Rinne
Mit ihren Beinchen fürchterlich.
Plötzlich gab es einen Zisch.
Weg war die webende Dame,
Gekillt wurd' sie nicht vom Grame,
Denn die Mücke benetzte sie mit Wasser,
Thekla wurde naß und nasser.
Herr Mücke war sehr bestürzt,
Hatte er doch der Spinne Leben verkürzt.
Er wollte sie nur zur Besinnung bringen,
Zweifel nun zu bohren anfingen,
Denn in dieser feuchten Nacht,
Hatte er die Thekla umgebracht.

Ertränkt wurd' sie von ihm, der Mücke,
Das hatte sie nun von ihrer Tücke.
Summsel trauerte um die Spinne,
Nie wieder besucht er eine Rinne.


## Laudatio auf einen Regenwurm


Willy, genannt Regenwurm,
Regierte voller Stolz
Über Wiese und auch Holz,
Bei Regen und bei Sturm.

Willy, der eine Hoheit war,
Dachte, er sei eine Schlange.
Drum glitt er hoch an einer Stange,
Diese stand vor einer Bar.

Willy, oben angekommen,
Fühlte sich recht benommen.
Schade, daß er vergaß,

Daß er nicht schwindelfrei ist,
So fiel er dem trunkenen Bauer List
Ins prallgefüllte Bierglas – aus war's!

## Der Clown

Bobo war ein besonderer Clown,
Er brachte Menschen zum Lachen,
Man konnte ihm wirklich vertrau'n.
Er wollte alle glücklich machen.
Beliebtheit war für ihn sehr wichtig,
Bobo war ein echter Star,
Zu unterscheiden: Falsch und richtig,
War für ihn nicht vorstellbar.
Was er tat, war recht perfekt,
Das Publikum spendete großen Applaus,
Mit seinem unverkennbaren Dialekt,
Lockte er fast jeden aus dem Haus.
War seine Darbietung mal nicht so gut,
Merkte er es nicht einmal,
Denn überschattet von des Beifalls Flut,
War ihm alles andere egal.
Doch eines Tages wurde er alt,
Er wirkte nicht mehr lustig und frisch,
Seine Show hatte er nicht mehr in der Gewalt,
Vor Wut stieß er um den Rednertisch.
Niemand wollte ihn mehr sehen,
Neues Blut mußte schnell her,
Bobo sollte einfach gehen,
All die Jahre zählten nicht mehr.
Er verkroch sich verzweifelt im Wohnwagen,
Wollte von der Außenwelt nichts mehr wissen,
Er konnte nur noch sein Schicksal beklagen,
Übersah so die Menschen, die ihn missen.

Eines abends hörte er ein Wimmern,
Seine Tür öffnete er geschwind,
Vor seinen Augen begann es zu flimmern,
Denn vor ihm stand ein kleines Kind.

Mit treuen Augen schaute es ihn an,
Es hatte sich wohl verlaufen,
Das Mädchen zog Bobo in seinen Bann,
Er mußte sich zusammenraufen.

So ergriff er ihre kleine Hand
Und machte sich mit ihr auf die Suche,
Um Zirkuszelte herum, durch Gras und Sand,
Vorbei an Eiche und auch Buche.

Es dauerte viele Stunden,
Bobo trug das müde Mädchen auf seinem Arm,
Dann endlich waren die Eltern gefunden,
Ums Herz wurde es ihnen warm,
Denn Bobo war so lieb zu ihrem Kind.

Sie unterhielten sich noch sehr lange,
Um sie wehte ein neuer Wind.
Am Tag darauf standen die Menschen Schlange,
Alle wollten ihren Bobo zurück,
Denn nur er spendete ihnen Geborgenheit,
Für Bobo war's das höchste Glück.

Von da an, ja, seit dieser Zeit,
Begeistert er wieder sein Publikum.
Trotz seines Alters ist er der Hit.
Sich zu verkriechen war sehr dumm.
Im Herzen jung, bleibt er stets fit.

## „Aus grauer Städte Mauern"

„Aus Stein erbaut, mit Beton vermischt,
Wird manche Falte weggewischt.
Doch was ich zu erzählen habe,
Grenzt nicht an schnödem Gehabe,
Denn als Bau, der ganz fest steht,
Weiß ich, daß kein Tag vergeht,
An dem nichts passiert,
Ja, mit mir ist man liiert.

Gestern hat Familie Krause
Im 2. Stock die alte Brause
Bis zum Anschlag aufgedreht
Und die Möllers angefleht,
Ihren Brenner nicht zu benutzen,
Weil der die Wärme stets tut stutzen.
In Bächen lief das gute Wasser,
Bei Albrechts wurd' es immer nasser.
Zulange auf's Warme gewartet,
Hat eine Überflutung gestartet.
Mein armes, altes, schönes Gehäuse
Kostete sehr viele „Mäuse".
Ganz durchnäßt bis auf die Füße,
Hatte ich dann voll die Düse.
Bröckeleien und noch mehr,
Machten mir das Leben schwer.
Doch nicht genug mit dem Dilemma,
Im 5. Stock die Tante Emma,
Vergaß den Fernseher abzudrehen,

Die ganze Nacht konnt' ich Kopf stehen.
Tags darauf wurde gebaggert,
Im Gebälk hat's mir geflackert.
Ein Spielplatz sollte mich verschönen,
Doch anstatt mich zu verwöhnen,
Stiftete er nur Zank und Krach
Und das unter meinem Dach.
Die Lisa und Wilhelms Fritz,
Kratzten in mich einen Schlitz,
Um darin Briefchen zu verstecken,
In denen sie sich hämisch necken.

Ach ja, ich armes, altes Haus,
Der Zufluchtsort für Mensch und Maus,
Muß manchmal sehr viel durchmachen,
Aber oft ist mir zum Lachen,
Denn das Leben tobt in mir drin,
Darin seh' ich meinen Sinn.
Wär' ich kahl und innen leer,
Würd' ich leiden wirklich sehr,
Denn Saus und Braus müssen halt sein,
Darauf schwör' ich Stein und Bein."

## Es rappelt in der Kiste …

Im weitentfernten Afrika,
Jagte Hans 'nen Jaguar.
Er wollte sich beweisen
Und bezeugen seine Reisen,
Drum schielte er nach Katzenfell,
Erkannte aber furchtbar schnell:
Tiere sind wahrhaftig schlauer,
Erzählen will ich nun genauer,
Wie es Hänschen Klein erging,
Dessen Schopf ein Panther fing.

Hans, der Traumwildjäger,
War schon ein recht Träger.
Vierzig Lenze zählte er,
Er wünschte sich ach so sehr,
Mal zu den Großen der Welt zu zählen
Und um sich nicht länger zu quälen,
Zog er los ins ferne Land,
In seinem neuen Jagdgewand.
Mit 'ner Klatsche und 'nem Kompaß
Und 'nem netzbezogenen Faß,
Kroch er durch das dichte Grün
Und sah zwei Katzenaugen glüh'n.

Der Jaguar, der an nichts dachte,
Wahrlich große Augen machte.
Am Boden war 'ne irre Gestalt,
Die Katze überlief es heiß und kalt.

Eine Riesenschnecke im Eckformat?
Oder etwa ein Primat,
Der der Mutation unterlag?
Eine Mumie im Sarkophag?

Die Miezekatze – irritiert,
Hat erst einmal ausprobiert,
Ob das „Ding" auch reagiert,
Drum biß sie völlig ungeniert
In Hänschens prallen Hintern rein,
Der sollte wohl ihr Frühstück sein.
Ein Knall, und Flüssigkeit entfleuchte.
Als ob sie noch Beweise bräuchte,
Skalpierte sie ihn mit den Krallen.
Hans indes begann zu fallen.

„Arme Puppe aus der Großstadt,
An dir eß ich mich niemals satt.
Wie ich seh', bist du kaputt,
All die Technik – Schrott und Schutt.
Komm, ich schubs' dich in dein Faß,
Das Ganze ist mir doch zu kraß.

Irgendwer wird dich bald finden,
In der Welt von Gleichgesinnten.
Wir Tiere steh'n nicht auf Attrappen,
Die unseren Urwald »niedertappen«.
Entlarvt wird selbst der beste Trick,
Man erkennt euch auf den ersten Blick",
Fauchte die Katze und zog von dannen,
Bei Hans die ersten Tränen rannen.

Nach Deutschland flog man ihn bald ein,
Heute noch, bei gutem Wein,
Erzählt er von dem Ungetüm,
Welches ihn recht ungestüm
Zu übermannen suchte,
Doch er, der Verruchte,
Sei viel stärker gewesen,
Verjagt' hätt er es mit 'nem Besen.
Per Kiste sei er gen Heimat gefahren,
Dies würde wahrlich Kosten sparen.

Doch sieht man Hänschens Glatze an,
Weiß man, er ist arm dran.
Wie schnell man den Verstand verliert,
Hat er nach der Rasur kapiert.

# KARUSSELL UND ACHTERBAHN

## Fin de siècle

Esoterik, Aberglaube,
Sulfat, Pyrit oder Selen,
Kirke gefolgt von Feen,
Asche wurde zu Staube.

Füllhorn törnte Lauscher an,
Marathon und Hürdenlauf,
Zogen das Pentagramm auf,
Verwandelten Frau in einen Mann.

Ingredienzen der Moderne,
Schweifen hie in die Ferne,
Seufzen möglichst bilateral,

Sinnen nach Herbstzeitlosen,
Die ihre Eingeweiden kosen.
Schon steht sie an, die nächste Wahl.

## Amazone

Die Front ist weit gefächert,
Mars und Widder patrouillieren,
Um mit Heros zu schwadronieren,
Es wird Gewalt gebechert.

Jatagan ruft Ziu aus,
Er soll versuchen, ihn zu zähmen,
Ares scheint dies nicht zu lähmen,
Er peitscht Harpyie raus.

Animas unschöne Schwärze,
Brennt und flackert wie eine Kerze,
Die schmerzen und verderben will.

Buckelnd kommt Kondor gekrochen,
Denn er hat Lunte gerochen.
Die Sinne leiden still.

# Le jeu

Quaterne züngelt wie eine Queue,
Erratisch, manisch, emeritiert,
Wobei sich kreuz und quer verliert
Und Sinne schwinden peu à peu.

Die Quese ist's nicht, die skalpiert
Vom Adrenalin zum Heros wurd' bestimmt,
Der Querulant im Seichten schwimmt,
Er wurd' ganz simpel degradiert.

Die Zahl wird stetig konsekriert,
Konkordant ganz ungeniert,
Der Neunmalkluge knistert gespalten.

Siegwurz wird des Saftes beraubt.
Wer jetzt an Quintessenzen glaubt,
Sollte Gänge tiefer schalten.

## Augenaufschlag

Kinderlachen lockt,
Bomben fliegen,
Verkommene siegen,
Der Atem stockt,

Das Adstringens
Weicht vom Fleck
Der Welten Dreck.
Dies ist immens.

Betucht oder verrückt?
Bestimmt gut bestückt,
Wird Halt abgetragen.

Die Welt, eine Scheibe
An der ich mich reibe?
Fühl' mich erschlagen.

# Pfand

Im Leben bekommt man vieles geschenkt.
Oftmals wird man aufgelenkt.
Wir versuchen, die Sterne zu erreichen,
Bergen muß man oft ausweichen.
Schätze werden ausgegraben,
Wechseln tun der Seele Farben.
Einheimsen, behalten und kassieren,
Doch auch dies wird man verlieren,
Denn das Leben ist nur geliehen,
Davor kann wirklich keiner fliehen.
Sind wir gegangen, bleibt nichts zurück,
Als das geteilte Liebesglück.

# Schloßallee

Auf einer Parkbank, fern der Heimat
Saß ein Mann mit schütterem Haar.
Man sah es gleich, er war kein Zar,
Er w a r vielmehr Geheimrat.

Mit silberner Strähne im Gesicht
Blickte er in Richtung Sonne,
Neben ihm die Mülltonne,
In ihr fand er sein Hauptgericht.

Leute, die ihn sahen, erschraken,
Denn sie scheuten die Kakerlaken,
Die ihn ab und zu besuchten.

Doch dieser Mann, so tief gesunken,
Den sie nannten einen Halunken,
Ist das Schicksal, das wir fruchten.

## Traumwelten

Wenn sich der Tag dem Ende zuneigt
Und die Nacht vom Himmel herabsteigt,
Brennt unser Innerstes auf Reserveflamme,
Doch Bilder, geboren von der Seele Amme,
Bitten um Einlaß, warten groß auf,
So nehmen Träume ihren Lauf.
Bunt gemischt, mal groß, mal klein,
Laden sie auf die Bühne des Unterbewußtseins ein.
Ein Schauspiel, ein Film mit vielen Facetten,
Fesselt die Menschheit an ihre Betten.
Bebend, fordernd, schön und bestimmt,
Uns das Leben auf Vordermann trimmt,
Denn Träume wollen etwas erzählen,
Den rechten Weg gilt es zu wählen.
Dann beschert uns diese Art der Einsicht,
Ein Leben in Mut und Gleichgewicht.

# IN MEMORIAM

## Kleine Fluchten  (Teil 1)

Gefangen in einem Leben,
Das viel nahm, ohne zu geben,
Verfiel sie dem Irrglauben,
Man wollte sie des Glücks berauben.
Außer Frage: Das Opfer war sie,
Sie wollt' es ändern – aber wie?
Krakenarme zogen sie nach unten,
Man stocherte in ihren Wunden.
Die Wende kam, es war wie Magie,
Sie tankte so viel Energie,
Weil er sie ihr zu geben vermochte,
Der Umwelt Blut deswegen kochte.
Intrigen, ohne Sinn und Ziel,
Machten, daß ihr Glaube fiel.
Sie wehrte sich gegen ihre Gefühle,
Bemerkte aber die Tretmühle,
In der sie sich nunmal befand,
Sie sah nur Wasser, fand kein Land.
Er wollt' ihr helfen, sie war zu schwach,
Aus der Pfütze entstand ein Bach,
Der zu wenig Druck besaß,
Sie lebte stets nach fremdem Maß.
Dem Selbstmitleid verfallen – es blieb' nur Lüge,
Dies rammte ihr Gewissen wie entgleisende Züge.

Es tat so weh, sie brauchte Halt,
Hatte ihr Leben nicht in Gewalt.
Hartnäckig, zielstrebig, voller Zuversicht,
Ließ er für sie scheinen der Liebe Licht.
Sie ergriff seine starke Hand,
Löschte somit der Hölle Brand,
Der sie doch nur hemmen wollte.
Der Ball des Lebens weiter rollte.
Hoffnung, Glück und pure Wonne,
In ihrem Leben schien die Sonne.
Sie lernte, daß es gar nichts bringt,
Wenn man sich durch Zweifel linkt.
Die Flucht hatte angenehme Folgen,
Sie schwebt nun auf rosa Wolken,
Denn er steht ganz fest zu ihr,
Ohne Schnörkel, ohne Zier.

# Kleine Fluchten (Teil 2)

In einem kleinen Stadtbüro,
Zwischen hier und nirgendwo,
Sitzt ein Mann vor dem Computer,
Über ihm zwei grelle Fluter.

Die Arbeit ist sein Elixier,
Was wirklich zählt im Jetzt und Hier.
Er, der Super-Lebemann,
Der Schreibtischhengst, der alles kann,
Bemüht sich stets, ganz vorn zu sein,
Ihn kriegt so schnell keiner klein.

Die Sekretärin – sein Inventar –
Behandelt ihn fast wie 'nen Zar,
Denn sie weiß, was Mann so braucht,
Dessen Kopf tagtäglich raucht.
Filterkaffee noch und nöcher
Stopft die Gedankenlöcher,
Die bei Müdigkeit entstehen
Und die Arbeitslust verwehen.

Ein Puzzlespiel aus Macht und Gier
Macht ihn zu einem wilden Stier,
Der nur seine Pflichten kennt
Und kein Angebot verpennt.
Doch auch Stiere müssen weiden,
Damit sie keinen Bruch erleiden.
Drum gönnt Mann sich zur Mittagszeit
Ein kleines Stück Behaglichkeit.

Er schließt die Augen, die Welt versinkt,
Erholung ist's, die ihm nun winkt.
Tief in ihm liegt die Oase,
Die hilfreich ist in jeder Phase.
Sein Ruhepunkt ist schnell gefunden,
Sorgen, Streß sind jetzt verschwunden.
Er tankt Kraft, läßt sich mal treiben,
Minuten wird er dort nun bleiben.
Von der Außenwelt ganz abgeschieden,
Kann er der Träume Eisen schmieden.
Den Schatz des Lebens gräbt er aus,
Der verborgen in des Körpers Haus,
Nur auf seinen Entdecker wartet,
Der mit ihm den Motor startet,
Der unser Leben stets bestimmt
Und uns die Angst vor Neuem nimmt.
Das Karussell hält schließlich an,
Entlassen aus des Traumes Bann,
Kehrt er zurück zur Wirklichkeit,
In die hektisch wirre Zeit,
Die von ihm viel abverlangt,
Doch darum er bestimmt nicht bangt,
Denn nach dieser Flucht nach innen,
Kann er jetzt nur noch gewinnen.

# Brut

Nagelpfeile streifen Hagelkörner,
Dem Esel setzt man auf die Hörner.
Eiszeit schreit nach Puderzucker,
Der arme Wurm, er wird zum Ducker.
Die Gunst will über Seen wandeln,
Will mit Wolkenkratzer anbandeln.
Samenkorn sucht Mutterkorn,
Draußen thront das Matterhorn.
Wiesel, Elch oder Müllhaufen,
Glück kann man nicht erkaufen.
Es bedeutet teilen können
Und auch anderen Gutes zu gönnen.
Verlorene Stunden holt keiner mehr ein,
Drum seid bitte nicht so gemein,
Denn Leid gibt es wirklich genug,
Überall nur Lug und Trug.
Laßt uns den Berg der Last bezwingen,
Dann brauchen wir nicht mehr zu ringen.
Der Regenbogen ist dann erreicht,
Vergeßt den Stolz, es ist so leicht.

## Wiedergeburt

Als ich in deine schönen Augen sah,
War es mir, als käm' ich nach Hause.
Was auch immer mit mir dann geschah,
Es überkam mich wie 'ne kalte Brause.
Da war ein wohlbekanntes Funkeln,
Deine Augen verrieten mir sehr viel,
Meine Seele begann zu schunkeln,
Ich hatte erreicht der Sehnsucht Ziel.


## Waschküche

Die Welt wirkt verschleiert,
Der Tau, er feiert
Seine Macht,
Sacht.

Ganz in weiß gekleidet,
Wie eingekreidet,
In der Frühe,
Brühe.

In Milch getaucht
Und verraucht.
„The Fog" –
Schock.

# Streß

Die Schulbank quält
In Mannigfaltigkeit,
Hält Druck bereit,
Nur Wissen zählt.

Chef rauft Terminus' Haare,
Denn es droht Verrat,
Wenn man an Eile spart.
Vertrag liegt auf 'ner Bahre.

SOS – das rote Licht blinkt,
Der Kreuzer panisch sinkt.
Die Schlacht scheint verloren.

Heimgekehrt wird Nacht zum Tag,
Vergessen ist der Nervensarg,
Jung und alt – wie neugeboren.

# DANKE

## Medikus

Der Medikus, er ist ein Mann,
Der alles weiß und alles kann.
Mit Wissensdurst und Sympathie,
Verweist er Schmerz und Kalorie
In ihre hauseigenen Schranken,
Damit wir alle nicht erkranken.
Er ist die Eule der Weltwunder,
Oh Medikus, mach uns gesunder,
Denn du kennst uns nur zu gut,
Vertreibst des Unbehagens Flut,
Die uns allzu oft besucht
Und uns zu überrollen sucht.
Dank dir, geliebter Medikus,
Kommen wir in den Genuß,
Die Gesundheit zu erleben.
Hochachtung vor so viel Streben.

# Danke

Danke für jede Stunde,
Für jede frohe Kunde.

Danke für jeden Sonnenstrahl,
Für jedes reiche Abendmahl.

Danke, daß ich so sein darf, wie ich bin,
Für jeden Herzschlag in mir drin.

Danke für ein trautes Heim,
Für jeden gelungenen Reim.

Danke für Tag und Nacht,
Für Liebe, die mich glücklich macht.

Mein Dankeschön geht an Euch, an Sie und an Dich,
Denn nur Ihr bereichert mich.

# SCHLUSSWORT

Die Schneekönigin verliert ihre Macht,
Weil ein Engel über uns wacht.
Eines Tages wird es jeder verstehen
Und sich selber schmelzen sehen.
Denn Menschsein fordert Emotion,
Flammend heiß – Herz bezieht Thron!